Ernst Probst

Die Ries-Gruppe und die Neckar-Gruppe

500 Jahre in der Bronzezeit

GRIN Verlag

Bibliografische Information der Deutschen Nationalbibliothek:

Die Deutsche Bibliothek verzeichnet diese Publikation in der Deutschen National-
bibliografie; detaillierte bibliografische Daten sind im Internet über http://dnb.d-
nb.de/ abrufbar.

Impressum:

Copyright © 2011 GRIN Verlag GmbH
Druck und Bindung: Books on Demand GmbH, Norderstedt Germany
ISBN: 978-3-656-07113-6

Dieses Buch bei GRIN:

http://www.grin.com/de/e-book/182695/die-ries-gruppe-und-die-neckar-gruppe

GRIN - Your knowledge has value

Der GRIN Verlag publiziert seit 1998 wissenschaftliche Arbeiten von Studenten, Hochschullehrern und anderen Akademikern als eBook und gedrucktes Buch. Die Verlagswebsite www.grin.com ist die ideale Plattform zur Veröffentlichung von Hausarbeiten, Abschlussarbeiten, wissenschaftlichen Aufsätzen, Dissertationen und Fachbüchern.

Besuchen Sie uns im Internet:

http://www.grin.com/

http://www.facebook.com/grincom

http://www.twitter.com/grin_com

Der dänische Archäologe
Christian Jürgensen Thomsen (1788–1865)
hat 1836 die Urgeschichte
nach dem jeweils am meisten verwendetem Rohstoff
in drei Perioden eingeteilt:
Steinzeit, Bronzezeit und Eisenzeit.

Ernst Probst

Die Ries-Gruppe und die Neckar-Gruppe

500 Jahre in der Bronzezeit

Widmung

Den Wissenschaftlern gewidmet,
die mich bei meinem Buch
»Deutschland in der Bronzezeit« (1996)
bei den Recherchen über Kulturen
der Frühbronzezeit
besonders unterstützt haben:

Dr. Gretel Gallay (heute Callesen), Nidderau
Professor Dr. Hans-Eckart Joachim, Bonn
Professor Dr. Horst Keiling, Schwerin
Professor Dr. Rüdiger Krause, Frankfurt am Main
Dr. Friedrich Laux, Hamburg
Dr. Peter Schröter, München
Dr. Klaus Simon, Dresden

Vorwort

Rund 500 Jahre Urgeschichte von etwa 2300/2200 bis 1800 v. Chr. passieren in dem Taschenbuch »Die Ries-Gruppe und die Neckar-Gruppe« in Wort und Bild Revue. Diese beiden Kulturstufen existierten in der Frühbronzezeit gebietsweise in Baden-Württemberg. Geschildert werden die Anatomie und Krankheiten der damaligen Ackerbauern und Viehzüchter, ihre Kleidung, ihr Schmuck, ihre Keramik, Waffen, ihr Handel und ihre Religion.

Verfasser dieses Taschenbuches ist der Wiesbadener Wissenschaftsautor Ernst Probst. Er hat sich vor allem durch seine Werke »Deutschland in der Urzeit« (1986), »Deutschland in der Steinzeit« (1991) und »Deutschland in der Bronzezeit« (1996) einen Namen gemacht.

Das Taschenbuch »Die Ries-Gruppe und die Neckar-Gruppe« ist Dr. Gretel Gallay (heute Callesen), Professor Dr. Hans-Eckart Joachim, Professor Dr. Horst Keiling, Professor Dr. Rüdiger Krause, Dr. Friedrich Laux, Dr. Peter Schröter und Dr. Klaus Simon gewidmet, die den Autor mit Rat und Tat bei seinen Recherchen über Kulturen der Frühbronzezeit für das Buch »Deutschland in der Bronzezeit« unterstützt haben.

Inhalt

PAUL REINECKE,
*geboren am 25. September 1872
in Berlin-Charlottenburg,
gestorben am 12. Mai 1958 in Herrsching.
Er wirkte 1897 bis 1908
am Römisch-Germanischen Zentralmuseum
in Mainz. 1908 bis 1937
war er Hauptkonservator
am Bayerischen Landesamt
für Denkmalpflege in München.
1917 wurde er kgl. Professor.
Reinecke teilte 1902 die Bronzezeit
in die Stufen A bis D ein.
1902 sprach er von der Straubinger Kultur
sowie von der Grabhügelbronzezeit
und später von der Hügelgräber-Bronzezeit.*

Die Frühbronzezeit in Deutschland

Abfolge und Verbreitung der Kulturen und Gruppen

Die Frühbronzezeit (Bronzezeit A) wurde in Deutschland zunächst in eine ältere Stufe (A 1) und in eine jüngere Stufe (A 2) unterteilt. Jene Gliederung aus dem Jahre 1924 geht auf den damals in München arbeitenden Prähistoriker Paul Reinecke (1872–1958) zurück. Er hatte sie anfangs nur als Unterteilung der Straubinger Kultur vorgesehen, später wurde sie von anderen Autoren auf frühbronzezeitliche Kulturen in Süd- und Mitteldeutschland übertragen.

Heute teilt man die Frühbronzezeit entweder in drei Abschnitte (Stufen A 1, A 2, A 3) oder in vier Abschnitte (Phasen 1, 2, 3, 4) ein. Einer der ersten, der eine Dreigliederung vorschlug, war 1957 der damals in München tätige Prähistoriker Rolf Hachmann. Die Gliederung in vier Abschnitte wurde 1964 durch den Münchener Prähistoriker Rainer Christlein (1940–1983) vorgenommen.

In Mitteldeutschland gab die Aunjetitzer Kultur den Auftakt zur Frühbronzezeit. Diese existierte etwa von 2300 bis 1600/1500 v. Chr.[1] Die Aunjetitzer Kultur war in der Stufe A 1 in Thüringen, Sachsen und Sachsen-Anhalt heimisch. In der Stufe A 2 breitete sie sich auch ins östliche Niedersachsen und nach Brandenburg aus.

11

Karte auf Seite 13:

Verbreitung der Kulturen und Gruppen
während der älteren Frühbronzezeit
(etwa 2300 bis 1800 v. Chr.) in Deutschland

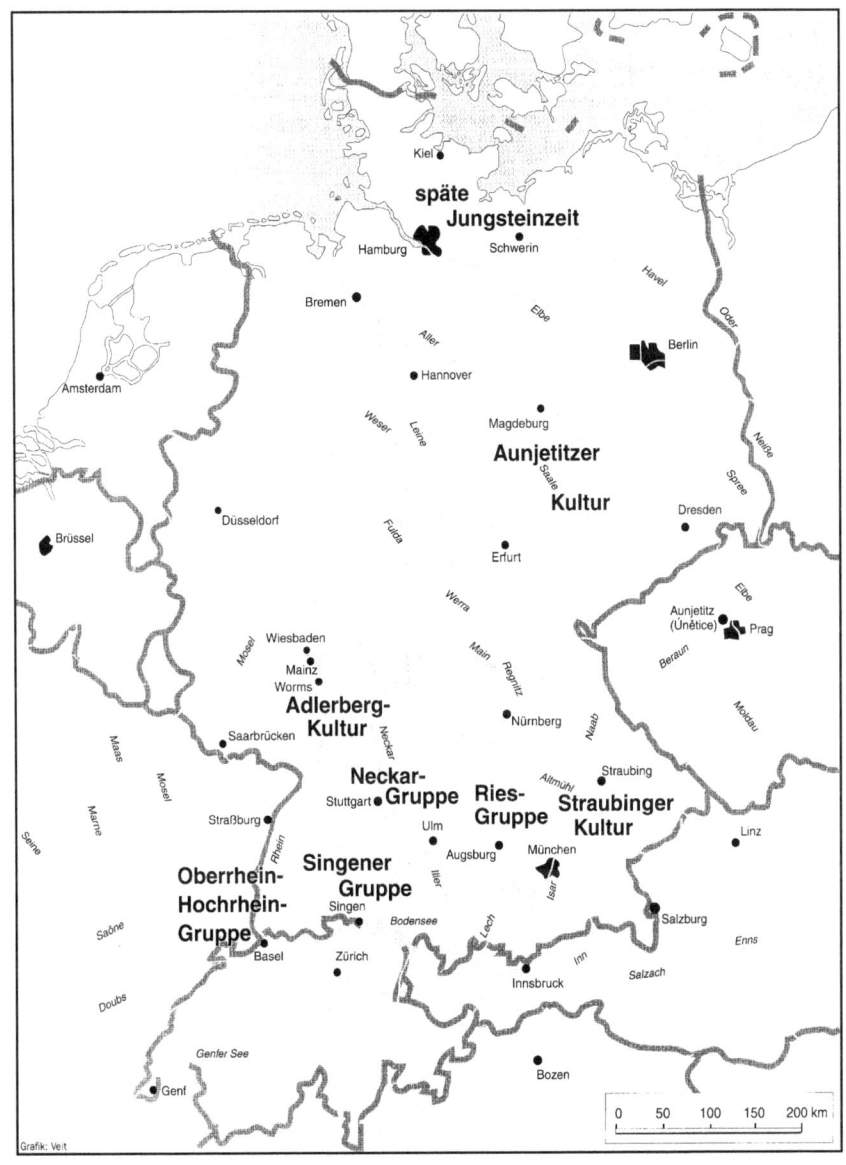

späte
Jungsteinzeit

Aunjetitzer

Kultur

**Adlerberg-
Kultur**

**Neckar-
Gruppe** **Ries-
Gruppe** **Straubinger
Kultur**

**Oberrhein-
Hochrhein-
Gruppe**

**Singener
Gruppe**

Kiel

Hamburg Schwerin

Bremen

Amsterdam Hannover

Brüssel Düsseldorf Magdeburg Berlin

Erfurt Dresden

Wiesbaden Aunjetitz
(Únétice) Prag

Mainz
Worms

Saarbrücken Nürnberg

Straubing

Stuttgart

Straßburg Ulm Linz

Augsburg München

Singen Bodensee

Basel Zürich Salzburg

Innsbruck

Genfer See

Genf Bozen

| 0 | 50 | 100 | 150 | 200 km |

Grafik: Veit

13

Die Funde der Aunjetitzer Kultur in Mecklenburg-Vorpommern sind lediglich Importe.

Im östlichen Süddeutschland begann die Frühbronzezeit mit der Straubinger Kultur. Sie behauptete sich ungefähr von 2300 bis 1600 v. Chr. in Südbayern (Niederbayern, Oberbayern sowie teilweise in der Oberpfalz und Schwaben). Ihr jüngerer Abschnitt wird auch als Langquaid-Stufe bezeichnet.

Westlich an die Straubinger Kultur grenzte die Singener Gruppe an. Sie existierte in südlichen Teilen Baden-Württembergs um 2300/2200 bis 1800 v. Chr. Die etwa gleichaltrigen Gräber am Ober- und Hochrhein werden der Oberrhein-Hochrhein-Gruppe zugerechnet. Zwischen etwa 1800 und 1600 v. Chr. war gebietsweise im südlichen Baden-Württemberg die Arbon-Kultur verbreitet.

Im Nördlinger Ries und im oberen Altmühltal bei Treuchtlingen unterschied sich die Ries-Gruppe vor allem durch ihre Grab- und Bestattungssitten von der teilweise gleichzeitigen Straubinger Kultur. Erstere Kulturstufe dauerte ungefähr von 2300/2200 bis 1800 v. Chr.

Im mittleren Neckarland behauptete sich um 2300/2200 bis 1800 v. Chr. die Neckar-Gruppe.

Nördlich der Neckar-Gruppe schloss sich in Südwestdeutschland die Adlerberg-Kultur an. Sie hielt sich etwa von 2100 bis 1800 v. Chr. gebietsweise in Rheinland-Pfalz, Hessen und im nördlichen Baden-Württemberg (Nordbaden).

Während der Frühbronzezeit gab es ein deutliches Kulturgefälle zwischen Norddeutschland und Nordrhein-Westfalen auf der einen Seite sowie Süd- und Mitteldeutschland auf der anderen Seite. Der Norden war damals in metalltechnischer Hinsicht rückschrittlicher als der Süden, wo die Neuerungen der Metallurgie früher Fuß fassten. Dies ist der Grund dafür, dass in Norddeutschland und in Nordrhein-Westfalen die Frühbronzezeit später begann als in Süd- und Mitteldeutschland. Im Norden existierten während der süddeutschen Frühbronzezeit noch Kulturen auf dem Niveau der späten Jungsteinzeit, allerdings mit einer zur Vollendung geführten Feuerstein-Technik.

Im östlichen Westfalen, im westlichen mittleren Niedersachsen und im südlichen Schleswig-Holstein markierte der Sögel-Wohlde-Kreis den Auftakt der Frühbronzezeit. Er ist von etwa 1600 bis 1500 v. Chr. nachweisbar und entspricht der frühen mittelbronzezeitlichen Hügelgräber-Kultur im Süden und Südosten.

In Mecklenburg-Vorpommern-Vorpommern gab es von etwa 1800 bis 1500 v. Chr. die nordische frühe Bronzezeit, die auch frühe Bronzezeit des Nordischen Kreises genannt wird. Sie beginnt mit einer Art Phasenverschiebung um eine Bronzezeitstufe später als die süd- und mitteldeutsche Frühbronzezeit. Die nordische frühe Bronzezeit entspricht der Periode I in der Chronologie des schwedischen Prähistorikers Oscar Montelius (1843–1921).

WALTER RUCKDESCHEL,
geboren am 10. September 1937 in München,
studierte in München und Heidelberg.
Er promovierte mit einer Arbeit
über die frühbronzezeitlichen Gräber Südbayerns
und wies nach,
dass die Bestattungssitten
der Straubinger Kultur
jener der vorausgehenden Glockenbecher-Kultur gleichen.
Die von ihm 1978 benannte Ries-Gruppe
zeigt dagegen deutliche abweichende Bestattungssitten.
Walter Ruckdeschel war von 1986 bis 1996
Präsident des Bayerischen Landesamts
für Umweltschutz.

Sie fürchteten ihre Toten

Die Ries-Gruppe und die Neckar-Gruppe

Im Nördlinger Ries und im oberen Altmühltal bei Treuchtlingen existierte in der Frühbronzezeit von etwa 2300/2200 bis 1800 v. Chr. die Ries-Gruppe. Sie unterschied sich vor allem durch ihre Grab- und Bestattungssitten von der in Südbayern heimischen Straubinger Kultur. Den Begriff Ries-Gruppe hat 1978 der an der Ludwig-Maximilians-Universität in München lehrende Prähistoriker Walter Ruckdeschel eingeführt. Auch die Menschen der Ries-Gruppe sind aus Angehörigen der jungsteinzeitlichen Glockenbecher-Kultur (etwa 2500 bis 2200 v. Chr.) hervorgegangen. Das beweisen die Schädel der Toten aus den Gräbern von Nähermemmingen bei Nördlingen (Kreis Donau-Ries). Die Skelettreste von Nähermemmingen wurden durch den damals in München arbeitenden Anthropologen Emil Breitinger, der später als Professor in Wien wirkte, untersucht. Breitinger ermittelte bei sieben Männern eine Körperhöhe zwischen 1,60 und 1,75 Metern sowie bei sechs Frauen eine Körperhöhe zwischen 1,52 und 1,59 Metern.

Die etwa 30 bis 40 Jahre alte Frau aus dem Grab 23 von Nähermemmingen hatte zu Lebzeiten einen Kieferbruch erlitten. Offenbar stellte ihr ein Medizinmann die nach dem Unfall stärker verschobenen Fragmente des Unterkiefers richtig und sorgte durch äußere

*Hirnschädelrest mit dreieckigem Einhub
und Knochenausbruch von 1,5 Zentimeter Länge
(links oben) aus Grab 39
des Friedhofes auf dem Galgenberg
von Lauingen (Kreis Dillingen) in Bayern.
Original im Stadtmuseum
im »Lauinger Heimathaus«, Lauingen/Donau*

Verbände oder Schienen für den Halt in normaler Stellung. Dank dieser Fürsorge ist der Unterkiefer gut verheilt.

Weniger glücklich verlief die Behandlung einer 1,65 Meter großen Frau aus Lauingen (Kreis Dillingen), deren Schädel durch einen Schlag schwer verletzt wurde. Es wurde zwar versucht, die Verletzungsränder des Lochbruchs zu glätten, doch die Betroffene hat diesen Eingriff nicht überlebt. An einem Mann aus dem Grab 16 von Nähermemmingen war eine Schädeloperation (Trepanation) vorgenommen worden.

Die Frauen im Ries und im oberen Altmühltal bevorzugten bezüglich der Kleidung eine etwas andere Mode als ihre gleichzeitigen Straubinger Geschlechtsgenossinnen. Sie trugen im Gegensatz zu letzteren keine Hauben mit reichem Kupferschmuck auf dem Kopf. Das lässt sich an den Funden aus den Gräbern ablesen.

Unter den Tongefäßen der Ries-Gruppe gab es so genannte Adlerberg-Tassen, die für die in Rheinland-Pfalz, Hessen und im nördlichen Baden-Württemberg verbreitete Adlerberg-Kultur typisch sind. Sie dienten wohl als Trinkgefäß und deuten auf Tauschgeschäfte hin.

Auffällig ist das geringe Vorhandensein metallener Gegenstände in den meisten Gräbern der Ries-Gruppe, die noch kupferzeitliches Gepräge hat. Vermutlich befand sich der größte Teil des Verbreitungsgebiets fernab der Wege des Metallhandels. Nur in einigen reicher ausgestatteten Gräbern von Lauingen (Kreis Dillingen) wurden in stärkerem Maße Kupferobjekte gefunden. Dazu gehörten kleine Kupferdolche aus Männergräbern.

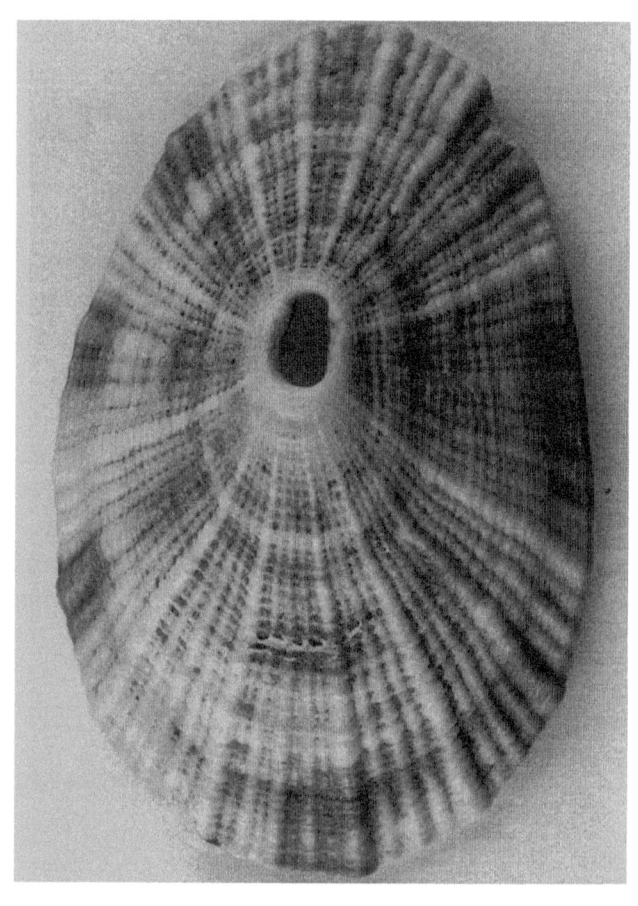

Gehäuse einer vermutlich aus dem Atlantik stammenden
Schlitznapfschnecke (Fissurella) aus Grab 9
des Friedhofes auf dem Galgenberg
von Lauingen (Kreis Dillingen) in Bayern.
Länge 5,4 Zentimeter.
Original im Stadtmuseum
im »Lauinger Heimathaus«, Lauingen/Donau

Wie die jungsteinzeitlichen Glockenbecher-Leute waren auch die Männer der Ries-Gruppe mit Pfeil und Bogen bewaffnet. Auf ihren Gebrauch weisen Armschutzplatten und steinerne Pfeilspitzen hin. Pfeilspitzen mit Schaftdorn wurden in Gräbern von Treuchtlingen-Wettelsheim entdeckt. Die Waffen der Ries-Gruppe haben mehr Ähnlichkeit mit denen der Adlerberg-Kultur als mit jenen der Singener Gruppe, obwohl diese in geringerer Entfernung existierte.

Der Weg vom Ries über den Fluss Egau nach Lauingen markiert möglicherweise die Handelsroute, die in das Gebiet der Singener Gruppe führte. Von dort erwarb man kupferne Ösenhalsringe. Bei den Adlerberg-Leuten wurden Tongefäße, Kupferdolche und verzierte kupferne Scheibenkopfnadeln eingetauscht. Ein Dolch aus einem Lauinger Grab dagegen ist typisch für die Straubinger Kultur.

Eine besonders große Strecke legte vermutlich das Gehäuse einer Schlitznapfschnecke *(Fissurella)* aus dem Grab 9 einer Frau in Lauingen zurück. Es stammt vermutlich von einer im Atlantik lebenden Art.

Bei der Trageweise des Schmucks hatten die Menschen der Ries-Gruppe teilweise andere Gewohnheiten als die Straubinger Leute. So hängten sie kurze, kupferne Blechröhrchen nicht an Hauben, sondern an Halsketten – und zwar taten dies sowohl Frauen als auch Männer. Weitere Schmuckstücke waren kupferne Ösenhalsringe, Rollenkopf-, Ruder- und Scheibennadeln, Armringe, Blechfingerringe sowie Knochennadeln und -ringe.

Charakteristische Merkmale der Gräber im Verbreitungsgebiet der Ries-Gruppe sind Steineinbauten und relativ oft vorkommende Mehrfachbestattungen, die vielleicht – wie der Prähistoriker Walter Ruckdeschel vermutet – Familiengrablegen waren. In zahlreichen Gräbern wurden unterschiedliche Arten von Steineinbauten entdeckt, nämlich Steinpackungen, -pflaster, einfassungen, Beschwersteine, die der Straubinger Kultur fremd gewesen sind.

Die Bestattungssitten der Ries-Gruppe werden einem westlichen Grabsittenkreis zugerechnet, für den Steineinbauten als kennzeichnend gelten. Er behauptete sich in der ersten Hälfte der Frühbronzezeit in dem Gebiet von der Schweiz über Südwestdeutschland (Singener Gruppe) bis zur Mainmündung (Adlerberg-Kultur) und reichte vermutlich bis in das französische Rhônebecken.

Die Männer wurden auf der linken Seite liegend mit dem Kopf im Norden und die Frauen auf der rechten Seite mit dem Kopf im Süden bestattet. Man gab den Verstorbenen nur eine Nadel, die das Gewand zusammenhielt, mit ins Grab. Waffen wurden in Gräbern der Ries-Gruppe seltener gefunden, als es bei der Straubinger Kultur der Fall war. In manchen Gräbern der Ries-Gruppe lagen Rötel- oder Ockerklumpen, die sich zum Schminken des Gesichts oder Bemalen des Körpers eigneten.

Das bisher größte Gräberfeld der Ries-Gruppe wurde auf dem Galgenberg von Lauingen an der Donau[1] entdeckt. Dort kamen insgesamt 45 Gräber mit zum Teil ungewöhnlichen Bestattungen zum Vorschein.

Das Lauinger Grab 39 enthielt lediglich ein Schädelbruchstück. Es stammte vielleicht von einem Menschen, der in der Fremde gestorben, nicht transportierbar war und von dem nur ein Fragment beerdigt wurde. In einem anderen Fall (Grab 40a) hat man einem verstorbenen Mann den Unterkiefer nach dem fünften Zahn abgeschlagen und mit ins Grab gelegt. Bei einer Frau im Grab 41 wurde fast die Hälfte des Schädels vor der Grablegung längs abgespalten und nicht mitbestattet. Dies wird damit zu erklären versucht, dass es sich vielleicht um eine Fremde handelte, deren Verwandtschaft einen Teil der Leiche in ihrer Heimat beerdigen wollte.

Die Gräber 38 und 44 in Lauingen enthielten Bestattungen vornehmer Kleinkinder. Ersteres war mit einem Bronzearmreif und mit einem Knochenring geschmückt, letzterem haben Grabräuber die Bronzebeigaben entwendet. Von Dieben wurden auch andere Bestattungen heimgesucht.

Im Gräberfeld auf den Feldwiesäckern bei Nähermemmingen[2] (Kreis Donau-Ries) lagen in 24 Gräbern insgesamt 40 Skelette in Hockerstellung mit zum Körper hin angezogenen Beinen. Es waren zehn Männer, zehn Frauen, drei Jugendliche und 17 Kinder.

Die 16 Gräber von Treuchtlingen-Wettelsheim[3] (Kreis Weißenburg-Gunzenhausen) hatte man auf unterschiedliche Weise konstruiert. Es gab mit Holzabstützungen versehene Steinkammern mit -pflasterartigem Boden und Steinpackungen, die ehedem die Kammerdecke bildeten, oder Gräber, bei denen Steine nur für die Außenwände und als Belag von Teilflächen des Bodens dienten. In einer 4,70 mal 4,80 Meter großen Steinkammer hatte man mindestens 15 Menschen

RÜDIGER KRAUSE,
geboren am 3. April 1958 in Bagdad/Irak,
promovierte 1986 an der Universität Tübingen
über das frühbronzezeitliche Gräberfeld
von Singen am Hohentwiel.
Anschließend erhielt er ein Reisestipendiat
des Deutschen Archäologischen Instituts Berlin
und bereiste die Iberische Halbinsel,
Nordafrika und den Vorderen Orient.
Ab 1987 arbeitete er
beim Landesdenkmalamt Baden-Württemberg
in Stuttgart.
Krause prägte 1988 die Begriffe
Hochrhein-Oberrhein-Gruppe und Neckar-Gruppe.
Seit 2005 ist er Professor für Vor- und Frühgeschichte
in Frankfurt am Main.

24

beigesetzt, darunter drei Kinder. Dies ist die umfangreichste Mehrfachbestattung der Frühbronzezeit in Süddeutschland. Fünf andere Tote – eine Frau, drei Männer, ein Kleinkind – ruhten in einem anderen Grab unter einer gemeinsamen Steinpackung von 5,30 Meter Länge. Als Einfassung dienten bis zu 60 Zentimeter große Kalksteinplatten.

Der Prähistoriker Walter Ruckdeschel betrachtet die Steinpackungen und -einfassungen sowie die Beschwersteine als Hinweise für eine starke Totenfurcht. Deswegen seien möglicherweise auch Manipulationen an Leichen und deren Verschnürungen vorgenommen worden.

Die Neckar-Gruppe

Weder der Ries-Gruppe noch der Singener Gruppe und auch nicht der Adlerberg-Kultur sind Gräber mit Steineinbauten von Weinstadt-Endersbach[4] (Rems-Murr-Kreis), Gäufelden-Tailfingen[5] (Kreis Böblingen) sowie Gerlingen[6], Remseck-Aldingen[7], Remseck-Hochberg[8] (alle drei im Kreis Ludwigsburg) zuzuordnen. Dazu gehören vielleicht auch Gräber von Stuttgart-Bad Cannstatt[9], Heilbronn-Horkheim[10], Lauffen[11] und Gemmrigheim[12].

All diese Gräber im Vorfeld der Singener Gruppe repräsentieren eventuell eine Mischzone, wenn nicht sogar eine weitere eigenständige Gruppe aus der älteren Frühbronzezeit. Letztere sollte nach einem Vorschlag des Prähistorikers Rüdiger Krause aus dem Jahre 1988 als Neckar-Gruppe bezeichnet werden.

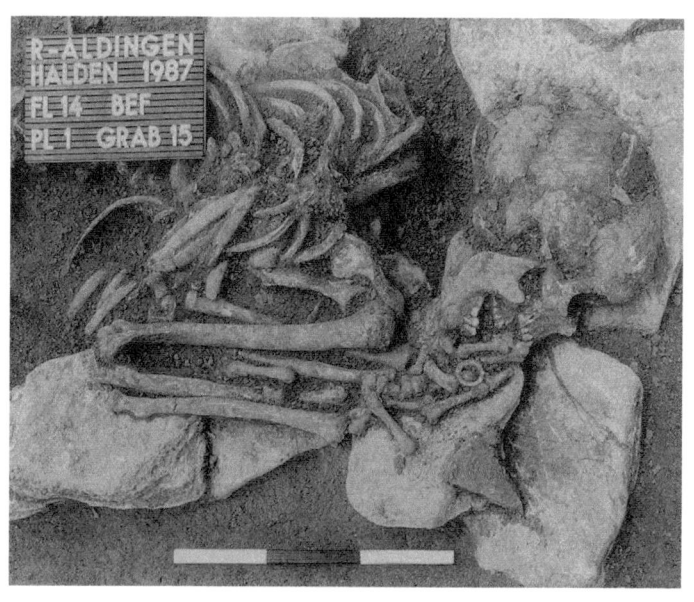

*Bestattung eines jungen Mannes
der frühbronzezeitlichen Neckar-Gruppe
im aufwendigen Grab 15
von Remseck-Aldingen (Kreis Ludwigsburg)
in Baden-Württemberg.
Dem Toten hatte man einen Dolch
aus Zinnbronze
in die Hände gelegt.*

In Remseck-Aldingen kam das nach dem Gräberfeld von Singen am Hohentwiel zweitgrößte Gräberfeld der südwestdeutschen Frühbronzezeit zum Vorschein. An ersterem Fundort wurden 37 Tote in 34 Gräbern beerdigt, in letzterem mehr als 100. Die meisten von ihnen hat man einzeln in Erdgruben bestattet, nur wenige erhielten Gräber mit Steinpflaster, -umfassung und -bedeckung.

In Grab 26 von Remseck-Aldingen sind im Laufe der Zeit vier Tote zur letzten Ruhe gebettet worden. Zunächst hat man darin einen Mann bestattet, später eine Frau, derentwegen die Skelettreste des Mannes beiseitegeräumt wurden. In dasselbe Grab sind später zwei Kleinkinder gelegt worden. Ob es sich bei den vier Menschen um eine Familie handelte, weiß man nicht, ist jedoch naheliegend.

Als Gewandverschluss einiger Frauen in Remseck-Aldingen diente eine verzierte kupferne Rudernadel. Manche der dort begrabenen Frauen trugen Hals- und Armringe oder Armspiralen aus Kupfer sowie Knochenringe. Männer stattete man für das Jenseits mit einem Dolch, einer unverzierten Nadel, Armschmuck oder einem Knochenring aus.

Ein junger Mann in Grab 15 und ein Mädchen in Grab 13 von Remseck-Aldingen lagen in Gräbern, die mit Steinen eingefasst und mit Steinplatten bedeckt waren. Dem jungen Mann hatte man einen verzierten Dolch aus Zinnbronze in die Hände gelegt. Außerdem gehörten eine Kupfernadel und ein Knochenring zu seinen Grabbeigaben. Im Grab des Mädchen fanden sich eine Rudernadel, ein Drahtarmring aus Kupfer, drei

Foto auf Seite 31:

Doppelbestattung eines Mannes und einer Frau
im Grab 2 mit Steinumstellung
der frühbronzezeitlichen Neckar-Gruppe
in Gäufelden-Tailfingen (Kreis Böblingen)
in Baden-Württemberg.
Dort wurden fünf Bestattungen
in drei Gräbern freigelegt.

Knochenringe, ein durchbohrter Knochenkopf und ein Zahnanhänger.

Die beiden aufwendiger angelegten Gräber der zwei jungen Leute von Remseck-Aldingen und deren reichere Grabbeigaben lassen darauf schließen, dass es im Gebiet der Neckar-Gruppe arme und reiche Menschen gegeben hat. Andere Tote hatte man ohne Metallschmuck oder -geräte und mitunter nicht einmal mit Knochenschmuck bestattet. Auf Standesunterschiede deuten auch besonders tiefe Grabgruben und entfernt von den übrigen Bestattungen liegende Gräber mit den Steineinbauten hin.

Nach modernen Altersdatierungen zu schließen, sind in Remseck-Aldingen zwischen etwa 2250 und 1950 v. Chr. Bestattungen vorgenommen worden. Die Metallhandwerker jener Gegend haben anfangs noch unlegiertes Kupfer verarbeitet und daraus Werkzeuge, Waffen und Schmuck gegossen.

Der erwähnte Dolch aus dem Grab des jungen Mannes, zählt zu den beiden ersten Funden des Gräberfeldes, die bereits aus Zinnbronze bestehen. Er hat einen Zinnanteil von 5,75 Prozent.

Anmerkungen

Die Frühbronzezeit in Deutschland
1] Die Zusammenstellung dieser Übersicht über die Verbreitung und Zeitdauer von Kulturen der Frühbronzezeit entstand 1996 mit Hilfe des Anthropologen Peter Schröter von der Anthropologischen Staatssammlung, München sowie der Prähistoriker Friedrich Laux vom Hamburger Museum für Archäologie, Hamburg-Harburg, Rüdiger Krause vom Landesdenkmalamt Baden-Württemberg, Stuttgart, und Joachim Köninger aus Freiburg/Breisgau.

Die Ries-Gruppe und die Neckar-Gruppe
1] Das Grab 1 auf dem Galgenberg von Lauingen an der Donau wurde 1956 beim Setzen eines Hochspannungsmastes vernichtet. 1963 wurden neun mehr oder weniger zerstörte Gräber beim Straßenbau in Notgrabungen untersucht. Im Herbst 1965 und im Frühjahr 1966 nahm der Prähistoriker Günter Krahe vom Bayerischen Landesamt für Denkmalpflege, Außenstelle Schwaben-Augsburg, eine Plangrabung vor, bei der die Gräber 11 bis 36 entdeckt wurden. Im Sommer 1966 untersuchte der Studiendirektor Hermann Josef Seitz (1902–1995) aus Lauingen zusammen mit vier Gymnasiasten die Gräber 37 bis 43. Die Gräber 44 und 45 wurden 1970 und 1972 gefunden.
2] Das Gräberfeld auf den Feldwiesäckern bei Nähermemmingen wurde 1932 bis 1936 durch den

Apotheker und Heimatforscher Ernst Frickhinger (1876–1940) aus Nördlingen freigelegt.

3] Das Gräberfeld von Treuchtlingen-Wettelsheim wurde im Frühjahr 1983 bei Bauarbeiten für eine neue Werkshalle entdeckt. Damals stieß man auf elf Gräber. Weitere Gräber kamen zum Vorschein, als man 1988 auf dem anschließenden Grundstück eine neue Werkshalle errichtete.

4] Die vier Gräber von Weinstadt-Endersbach wurden im August 1976 in der Baugrube für eine Garage zum Anwesen Strümpfelbacher Straße 58 gefunden. Das Landesdenkmalamt nahm am 16. und 17. August 1976 eine Untersuchung vor.

5] Bei der Neutrassierung der Straße von Tailfingen nach Gültstein wurde am 10. Oktober 1977 in Gäufelden-Tailfingen ein Grab entdeckt. Im Frühjahr 1978 kamen in unmittelbarer Nachbarschaft zwei weitere Gräber zum Vorschein.

6] Der Landwirt Wilhelm Rometsch aus Gerlingen stieß beim Pflügen auf ein Grab. Daraufhin wurde die Fundstelle durch die Mitarbeiter des Landesdenkmalamtes, Kurt Maier und Friedrich Schaffert aus Gerlingen, freigelegt. Eine weitere Untersuchung erfolgte am 3. bis 10. Dezember 1970 durch das Landesdenkmalamt.

7] Bei Erschließungsarbeiten für das Neubaugebiet Halden II in Remseck-Aldingen wurden Anfang 1987 frühbronzezeitliche Gräber entdeckt, deren Erforschung dem ehrenamtlichen Mitarbeiter des Landesdenkmalamtes, Walter Joachim aus Stuttgart, zu verdanken ist. Darauf folgten Ausgrabungen von Juni bis August 1987.

8] In Remseck-Hochberg wurde 1971 von dem Land-wirt Friedrich Munz aus Hochberg beim Pflügen der Äcker in der Flur Lachenäcker ein Steinkistengrab ohne Beigaben entdeckt und am 14. Dezember 1971 von einem Archäologen untersucht. Am 3. März 1976 kam in der Flur Lachenäcker eine Grabanlage mit drei Be-stattungen (ein Erwachsener, zwei Kinder) zum Vor-schein.

9] Die mindestens acht Gräber von Stuttgart-Bad Cannstatt wurden 1909 von dem Stuttgarter Prähi-storiker Peter Goeßler (1872–1956) entdeckt. Er war Gymnasiallehrer und seit 1905 als Vorgeschichts-forscher an der Stadtsammlung Stuttgart tätig. 1920 wurde er Direktor der Altertümersammlung und des Landesamtes für Denkmalpflege, Stuttgart.

10] Das Grab in Heilbronn-Horkheim wurde 1908 gefunden.

11] Das Grab von Lauffen wurde um 1932 beim Ro-den eines Weinberges am Saugenberg freigelegt.

12] Das Grab von Gemmrigheim wurde am 1. De-zember 1956 von dem Landwirt Adolf Schweiker aus Gemmrigheim beim Pflügen auf seinem Acker nörd-lich der Straße von Gemmrigheim nach Neckarwest-heim entdeckt.

Literatur

Die Frühbronzezeit in Deutschland
ABELS, Björn-Uwe: Archäologischer Führer Oberfranken, Stuttgart 1986
BECKER, Bernd / KRAUSE, Rüdiger / KROMER, Bernd: Zur absoluten Chronologie der Frühen Bronzezeit. Germania, Band 67, 2. Halbband, S. 421–442, Frankfurt/Main 1989
BERGER, Arthur: Die Bronzezeit in Ober- und Mittelfranken. Materialhefte zur Bayerischen Vorgeschichte, Reihe A, Band 52, Kallmünz 1984
BERGMANN, Joseph: Zur frühen und älteren Bronzezeit in Niedersachsen. Germania, Jahrgang 30, S. 21–30, Frankfurt/Main 1952
FRÖHLICH, Siegfried: Zur Archäologie der Bronzezeit und der vorrömischen Eisenzeit in Niedersachsen. Ausgrabungen in Niedersachsen. Archäologische Denkmalpflege 1979–1984. Herausgegeben von der Archäologischen Denkmalpflege im Institut für Denkmalpflege, Niedersächsisches Landesverwaltungsamt durch Klemens Wilhelmi. Berichte zur Denkmalpflege in Niedersachen, Beiheft 1, S. 139–141, Stuttgart 1985
HERRMANN, Joachim (Herausgeber): Archäologie in der Deutschen Demokratischen Republik, Stuttgart 1989

HOLSTE, Friedrich: Die Bronzezeit in Süd- und Westdeutschland. Handbuch der Urgeschichte Deutschlands, Band 1, Berlin 1953

HORST, Fritz: Bemerkungen zur chronologischen Einordnung der frühen und älteren Bronzezeit im mitteleuropäischen Raum. Aus: Beiträge zur Geschichte und Kultur der mitteleuropäischen Bronzezeit, Teil I, S. 169–178, Berlin/Nitra 1990

JACOB-FRIESEN, Karl Hermann: Einführung in Niedersachsens Urgeschichte. 2. Teil. Bronzezeit, Hildesheim 1963

JOCKENHÖVEL, Albrecht: Raum und Zeit – Gliederung der Bronzezeit. Aus: JOCKENHÖVEL, Albrecht / KUBACH, Wolf (Herausgeber): Bronzezeit in Deutschland, Sonderheft der Zeitschrift »Archäologie in Deutschland«, S. 11–14, Stuttgart 1994

JUNGHANS, Siegfried / KLEIN, Hans / SCHEUFELE, Erwin: Untersuchungen zur Kupfer- und Frühbronzezeit Süddeutschlands. 34. Bericht der Römisch-Germanischen Kommission 1951–1953, S. 77–114, Berlin 1954

LAUX, Friedrich: Die Bronzezeit im mittleren Niedersachsen. Führer zu vor- und frühgeschichtlichen Denkmälern, Band 48. Hannover, Nienburg, Hildesheim, Alfeld, Teil I: Einführende Aufsätze, S. 74–90, Mainz 1981

LICHARDUS, Jan: Beiträge zur jüngeren Steinzeit und Bronzezeit im Saar-Mosel-Raum. II. Entstehung der frühen Bronzezeit. 25./26. Bericht der Staatlichen Denkmalpflege im Saarland, S. 31–60, Saarbrücken 1980

REINECKE, Paul: Zur chronologischen Gliederung der süddeutschen Bronzezeit. Germania, Jahrgang 8, S. 43–44, Frankfurt/Main 1924

SCHAUER, Peter: Forschungen zur Geschichte der Bronzezeit in Deutschland. Aus: Ausgrabungen in Deutschland. Teil 1. Vorgeschichte – Römerzeit, S. 121–124, Mainz 1975

SCHUBERT, Eckehart: Studien zur frühen Bronze-zeit an der mittleren Donau. 54. Bericht der Römisch-Germanischen Kommission 1973, Berlin 1974

SCHUCHHARDT, Carl: Vorgeschichte von Deutschland, München und Berlin 1928

SCHUMACHER, Karl: Stand und Aufgaben der bronzezeitlichen Forschung in Deutschland. 10. Bericht der Römisch-Germanischen Kommission, S. 7–85, Frankfurt/Main 1918

SCHWANTES, Gustav: Vorgeschichte von Schleswig-Holstein. Stein- und Bronzezeit, Neumünster 1934–39.

STEINER, Ute: Ausgrabungen und Funde. Register-band für die Jahrgänge 1–25, Berlin 1983

STRUVE, Karl W.: Die frühe Bronzezeit (Periode I). Aus: STRUVE, Karl W. / HINGST, Hans / JAN-KUHN, Herbert: Von der Bronzezeit zur Völkerwanderungszeit, S. 12–26, Neumünster 1979

WEBER, Gesine: Die Frühe Bronzezeit. Aus: WEBER, Gesine: Händler, Krieger, Bronzegießer. Bronzezeit in Nordhessen. Vor- und Frühgeschichte im Hessischen Landesmuseum in Kassel, Heft 3, S. 56–69, Kassel 1992

Die Ries-Gruppe und die Neckar-Gruppe

BERGER, Arthur: Die Bronzezeit in Ober- und Mitötelfranken. Materialhefte zur Bayerischen Vorgeschichte, Reihe A, Band 52, Kallmünz 1984

BREITINGER, Emil: Die Schädel aus dem frühbronzezeitlichen Hockerfriedhof bei Nähermemmingen, Bez.-Amt Nördlingen. Mannus, Band 31, S. 484–537, Leipzig 1939

EHRHARDT, Sophie: Frühbronzezeitliche Skelette aus Nähermemmingen. Bayerische Vorgeschichtsblätter, Jahrgang 12, S. 71–73, München 1934

FRICKHINGER, Ernst: Ein frühbronzezeitliches Hockergrab bei Nähermemmingen, B.-A. Nördlingen. Bayerische Vorgeschichtsblätter, Jahrgang 12, S. 70, München 1934

FRICKHINGER, Ernst: Die Glockenbechersiedlung und der frühbronzezeitliche Hockerfriedhof bei Nähermemmingen, Bez.-Amt Nördlingen. Mannus, Band 31, S. 467–484, Leipzig 1939

GALLAY, Gretel: Beigaben der Frühbronzezeit Süddeutschlands in ihrer Verteilung auf Männer- und Frauengräber, Homo, Band 72, Festschrift Kurt Gerhardt, S. 50–73, Göttingen 1972

GLOWATZKI, Georg / SCHRÖTER, Peter: Versorgte Impressionsfraktur eines Schädels aus der frühen Bronzezeit in Bayern. Homo, Band 29, S. 250–259, Göttingen 1978

JUNGHANS, Siegfried: Fünf unbekannte Nadeln der Kupferund Frühbronzezeit aus den Beständen des Württembergischen Landesmuseums. Fundberichte aus Schwaben, Neue Folge 15, S. 106–108, Stuttgart 1959

KEEFER, Erwin / KRAUSE, Rüdiger: Vorgeschichtliche Siedlungen und Gräber in Remseck am Neckar. Heimatkundliche Schriftenreihe der Gemeinde Remseck am Neckar, Heft 12, Remseck am Neckar 1992

KOCH, Robert / LEJA, Ferdinand: Neue Grabfunde der frühen Bronzezeit aus Treuchtlingen-Wettelsheim, Landkreis Weißenburg-Gunzenhausen, Mittelfranken. Das archäologische Jahr in Bayern 1988, S. 45–47, Stuttgart 1989

KOSCHIK, Harald: Ein Gräberfeld der frühen Bronzezeit von Treuchtlingen, Landkreis Weißenburg-Gunzenhausen, Mittelfranken. Das archäologische Jahr in Bayern 1983, S. 46–48, Stuttgart 1984

KRAUSE, Rüdiger: Ein neues Gräberfeld der älteren Frühbronzezeit von Remseck-Aldingen, Kreis Ludwigsburg. Archäologische Ausgrabungen in Baden-Württemberg 1987, S. 57–61, Stuttgart 1988

KRAUSE, Rüdiger: Der Beginn der Metallzeiten. Aus: PLANCK, Dieter (Herausgeber): Archäologie in Württemberg. Ergebnisse und Perspektiven archäologischer Forschung von der Altsteinzeit bis zur Neuzeit. Festschrift zum 25jährigen Gründungsjubiläum der Gesellschaft für Vor- und Frühgeschichte in Württemberg und Hohenzollern, S. 111–139, Stuttgart 1988

PARET, Oscar: Urgeschichte Württembergs unter besonderer Berücksichtigung des mittleren Neckarlandes, Stuttgart 1921

RUCKDESCHEL, Walter: Die Riesgruppe. Aus: Die frühbronzezeitlichen Gräber Südbayerns. Antiquitas, Reihe 2, Band 11, S. 275–279, Bonn 1978

SCHRÖTER, Peter: Anthropologische Aspekte zum frühbronzezeitlichen Gräberfeld von Treuchtlingen-Wettelsheim, Landkreis Weißenburg-Gunzenhausen, Mittelfranken. Das archäologische Jahr in Bayern 1983, S. 49–51, Stuttgart 1984

SEITZ, Hermann Josef: Beobachtungen im früh-bronzezeitlichen Hockergräberfriedhof zu Lauingen an der Donau. Aus: SCHRÖTER, Peter (Herausgeber): 75 Jahre Anthropologische Staatssammlung München 1902–1977, S. 87–95, München 1977

Bildquellen

Klaus Benz, Fotograf, Mainz-Laubenheim: 45
Reproduktionen von Fotos aus dem Buch »Deutschland in der Bronzezeit« (1996) von Ernst Probst:
24 (Professor Dr. Rüdiger Krause, Frankfurt
am Main), 28, 31 (Landesdenkmalamt Baden-
Württemberg, Archäologische Denkmalpflege,
Stuttgart), 18, 20 (Lauinger Heimathaus, Lauingen/
Donau), 10 (Römisch-Germanisches Zentral-
museum, Mainz), 16 (Dr. Ing. Walter E. W. Ruck-
deschel), 27 (Württembergisches Landesmuseum,
Stuttgart)
Reproduktion einer Karte aus dem Buch »Deutsch-
land in der Bronzezeit« (1996) von Ernst Probst:
13 (Rainer Veit, Mainz)
Reproduktion einer Zeichnung aus dem Buch
»Deutschland in der Bronzezeit« (1996) von Ernst
Probst: 1 (Reproduktion aus Jorn Street-Jensen:
Christian Jürgensen Thomsen und Ludwig Linden-
schmit: Eine Gelehrtenkorrespondenz aus der
Frühzeit der Altertumskunde (1853–1964),
Mainz 1985)

Der Autor Ernst Probst

Ernst Probst, geboren am 20. Januar 1946 in Neunburg vorm Wald im bayerischen Regierungsbezirk Oberpfalz, ist Journalist und Wissenschaftsautor. Er arbeitete von 1968 bis 1971 als Redakteur bei den »Nürnberger Nachrichten«, von 1971 bis 1973 in der Zentralredaktion des »Ring Nordbayerischer Tageszeitungen« in Bayreuth und von 1973 bis 2001 bei der »Allgemeinen Zeitung«, Mainz. In seiner Freizeit schrieb er Artikel für die »Frankfurter Allgemeine Zeitung«, »Süddeutsche Zeitung«, »Die Welt«, »Frankfurter Rundschau«, »Neue Zürcher Zeitung«, »Tages-Anzeiger«, Zürich, »Salzburger Nachrichten«, »Die Zeit", »Rheinischer Merkur«, »Deutsches Allgemeines Sonntagsblatt«, »bild der wissenschaft«, »kosmos«, »Deutsche Presse-Agentur« (dpa), »Associated Press« (AP) und den

»Deutschen Forschungsdienst« (df). Aus seiner Feder stammen die Bücher »Deutschland in der Urzeit« (1986), »Deutschland in der Steinzeit« (1991), »Rekorde der Urzeit« (1992), »Dinosaurier in Deutschland« (1993 zusammen mit Raymund Windolf) und »Deutschland in der Bronzezeit« (1996). Von 2001 bis 2006 betätigte sich Ernst Probst als Buchverleger sowie zeitweise als internationaler Fossilienhändler und Antiquitätenhändler. Insgesamt veröffentlichte er mehr als 100 Bücher, Taschenbücher, Broschüren und E-Books.

Bücher von Ernst Probst

Affenmenschen
Von Bigfoot bis zum Yeti

Annie Oakley
Die Meisterschützin des Wilden Westens

Archaeopteryx. Der Urvogel
aus Bayern

Christl-Marie Schultes. Die erste Fliegerin in Bayern
(zusammen mit Theo Lederer)

Cortés und Malinche. Der spanische Eroberer
und seine indianische Geliebte

Das Dinotherium-Museum Eppelsheim
Führer durch die Ausstellung
(zusammen mit Dr. Jens Lorenz Franzen
und Heiner Roos)

Der Europäische Jaguar

Der Mosbacher Löwe
Die riesige Raubkatze aus Wiesbaden

Der Rhein-Elefant
Das Schreckenstier von Eppelsheim

Der Schwarze Peter
Ein Räuber im Hunsrück und Odenwald

Der Ur-Rhein
Rheinhessen vor zehn Millionen Jahren

Deutschland im Eiszeitalter

Deutschland in der Frühbronzezeit

Deutschland in der Mittelbronzezeit

Deutschland in der Spätbronzezeit

Die Dolchzahnkatze *Megantereon*

Die Bronzezeit

Die Aunjetitzer Kultur in Deutschland

Die Straubinger Kultur in Deutschland

Die Adlerberg-Kultur

Die nordische Bronzezeit in Deutschland

Die Hügelgräber-Kultur in Deutschland

Die Bronzezeit in der Lüneburger Heide

Die Stader Gruppe

Höhlenlöwen. Raubkatzen im Eiszeitalter

Johann Jakob Kaup
Der große Naturforscher aus Darmstadt

Julchen Blasius. Die Räuberbraut des Schinderhannes

Königinnen der Lüfte in Deutschland

Königinnen der Lüfte in England, Australien
und Neuseeland

Königinnen der Lüfte in Frankreich

Königinnen der Lüfte in Europa

Königinnen der Lüfte in Amerika

Königinnen der Lüfte von A bis Z

Königinnen des Tanzes

Malende Superfrauen

Meine Worte sind wie die Sterne
Die Entstehung der Rede des Häuptlings Seattle
(zusammen mit Sonja Probst)

Monstern auf der Spur
Wie die Sagen über Drachen, Riesen
und Einhörner entstanden

Österreich in der Frühbronzezeit

Österreich in der Mittelbronzezeit

Österreich in der Spätbronzezeit

Pompadour und Dubarry. Die Mätressen
von Louis XV.

Raub-Dinosaurier von A bis Z.
Mit Zeichnungen von Dmitry Bogdanav
und Nobu Tamura

Rekorde der Urmenschen
Erfindungen, Kunst und Religion

Rekorde der Urzeit
Landschaften, Pflanzen und Tiere

Säbelzahnkatzen. Von *Machairodus*
bis zu *Smilodon*

Säbelzahntiger am Ur-Rhein. *Machairodus*
und *Paramachairodus*

Seeungeheuer
Von Nessie bis zum Zuiyo-maru-Monster

Superfrauen aus dem Wilden Westen

Bestellungen bei: http://www.grin.com